Cake Pops

Damien Conejos

les éditions de saxe

SOMMAIRE

Introduction

Apéritif, réception, goûter d'enfants, dîner entre copines… les cake pops s'invitent à tous les repas ! Ces petites boules piquées sur des bâtonnets répondent à la tendance en apportant une touche festive.

Damien Conejos vous propose dans ce livre 24 recettes de cake pops qui raviront toutes les papilles. Salées ou sucrées, classiques ou originales, légères ou gourmandes, les saveurs se répondent et se mélangent. L'utilisation d'un appareil à cake pops et les multiples couleurs de glaçage rendront la préparation encore plus facile et amusante.

Vous n'en ferez qu'une bouchée !

LE CHEF
DAMIEN CONEJOS

Après une première expérience dans la communication, Damien Conejos se laisse emporter par sa passion et commence des études culinaires. Il passe un certificat d'aptitude professionnelle (CAP) de cuisine et service. Puis il s'oriente vers une mention complémentaire au centre de formation d'apprentis (CFA) des métiers de bouche François Rabelais, dont il sort major de promotion.

En 2008, il est médaillé au concours de l'Un des meilleurs apprentis de France des cuisiniers-traiteurs de la région Rhône-Alpes. Il finit son parcours scolaire avec un brevet professionnel de charcutier-traiteur et organisateur d'événements. En 2013, il renforce ses compétences en participant à une formation de décoration de réceptions.

Dès le début de sa formation, il travaille chez des grands noms de la cuisine tels que les chefs Nicolas Le Bec et Bernard Mariller. Puis, il prend successivement la tête de deux restaurants : *Le New Gentleman* (Villeurbanne) et le *Grand Café de l'Abondance* (Lyon).

Plein d'imagination, il fonde sa société *F&ED Traiteur*, spécialisée dans le mariage et la création d'événements pour les particuliers et les professionnels. Cette indépendance lui permet de laisser libre cours à sa créativité, d'exprimer tous ses talents et, ainsi, de satisfaire une clientèle exigeante.

F&ED traiteur - Food & Eventive designer
67 av. Franklin Roosevelt
69150 Décines
04 72 45 86 76
www.feed-traiteur.com

TECHNIQUE

MATÉRIEL

- Appareil à cake pops (ou four et moule alvéolé)
- Bâtonnets à cake pops ou à sucettes
- Support à bâtonnets de cake pops (ou bloc de polystyrène)
- Petits cure-dents

DÉFINITIONS

Beurre pommade : beurre mou et travaillé à la fourchette ou à la spatule de façon à obtenir une consistance de pommade.

Blanchir : cuire dans de l'eau bouillante salée.

Brunoise : légumes coupés en petits dés.

Candy Melts : marque déposée de pastilles de glaçage, disponibles dans certaines boutiques de pâtisserie ou à commander sur Internet.

Philadelphia : marque déposée d'un fromage crémeux à tartiner et à cuisiner.

ABRÉVIATIONS

c. à c. : cuillère(s) à café

c. à s. : cuillère(s) à soupe

g : grammes

h : heure(s)

min : minute(s)

CAKE POPS SALÉS

p. 12

p. 14

p. 16

p. 18

p. 20

p. 22

Aux légumes du soleil

pour 6 cake pops

Ingrédients

- 35 g de farine
- 1 œuf
- 1 c. à c. de levure chimique
- 1 c. à c. de fromage blanc
- 3 c. à s. d'huile d'olive
- 10 g de concentré de tomates (ou de pesto rosso)
- 40 g de légumes : poivrons (rouges, verts ou jaunes), aubergines, courgettes, oignons, etc.
- 1 gousse d'ail
- Thym, sel, poivre
- Lamelles de légumes de 2 cm de large

Préparation

Faire préchauffer l'appareil à cake pops (ou le four à 170 °C).

Mélanger la farine et la levure dans un petit saladier. Ajouter l'œuf, 1 c. à s. d'huile d'olive et le fromage blanc.

Laver, éplucher et tailler les légumes en brunoise et les faire revenir à la poêle avec le reste d'huile d'olive, l'ail haché et un peu de thym. Absorber le surplus d'huile à l'aide d'essuie-tout. Bien laisser refroidir. Ensuite, ajouter le concentré de tomates. Assaisonner. Incorporer les légumes dans la pâte.

À l'aide d'une cuillère à soupe, répartir la préparation dans les alvéoles de l'appareil à cake pops (ou du moule) en la laissant déborder légèrement afin que les bouchées soient bien rondes. Faire cuire pendant 7 à 8 min. Vérifier et, si nécessaire, laisser cuire quelques minutes supplémentaires.

Blanchir les lamelles de légumes sans trop les cuire, car elles doivent rester croquantes.

Démouler les cake pops. Disposer les lamelles de légumes autour de chaque boule en les fixant à l'aider de petits cure-dents.

Piquer les cake pops sur les bâtonnets. Laisser reposer 5 min sur les supports à cake pops (ou le bloc de polystyrène). Servir tiède.

Suggestions du chef

Pour la décoration, il est aussi possible de rouler les cake pops dans du fromage frais et du basilic haché.

Servir à l'apéritif avec un verre de vin rouge de Cornas ou de Saint-Joseph (vallée du Rhône).

pour 6 cake pops

AU SAUMON FUMÉ ET À L'ANETH

Ingrédients

- 35 g de farine de froment
- 20 g de comté râpé puis haché
- 45 g de saumon fumé peu gras*
- 1 c. à s. d'huile d'olive
- 1 œuf
- 3 cl de lait
- ½ sachet de levure chimique
- 150 g d'aneth frais en botte
- Un peu de poivre
- 4 grandes tranches de saumon fumé
- Quelques brins d'aneth hachés

* Il est possible d'absorber un peu de graisse à l'aide d'essuie-tout.

Préparation

Faire préchauffer l'appareil à cake pops (ou le four à 170 °C).

Battre l'œuf dans un saladier, ajouter le lait puis la farine en pluie. Incorporer la levure, le poivre et l'huile jusqu'à ce que la pâte soit bien lisse.

Mixer les 45 g de saumon fumé et hacher l'aneth frais en botte. Les ajouter dans la pâte, ainsi que le comté haché. Assaisonner.

À l'aide d'une cuillère à soupe, répartir la préparation dans les alvéoles de l'appareil à cake pops (ou du moule) en la laissant déborder légèrement afin que les bouchées soient bien rondes. Faire cuire pendant 7 à 8 min. Vérifier et, si nécessaire, laisser cuire quelques minutes supplémentaires.

Démouler les cake pops. Les enrouler dans de fines tranches de saumon en les fixant avec des petits cure-dents. Parsemer un peu d'aneth haché.

Piquer les cake pops sur des bâtonnets et laisser reposer au froid pendant 2 h minimum. Les sortir du réfrigérateur 15 min avant de les servir.

Suggestions du chef

Pour décorer ces cake pops, il est aussi possible de disposer des œufs de poisson dessus.

Accompagner ces petites boules savoureuses d'une sauce à la roquette ou à la ciboulette. Pour cela, mixer les herbes avec de la crème liquide ou du yaourt allégé, et assaisonner à sa guise avec du citron jaune ou vert, des épices, etc.

Servir à l'apéritif ou en entrée avec une petite salade verte et un verre de Sancerre ou de Pouilly-Fumé.

pour 6 cake pops

Au comté, au jambon et aux olives

Ingrédients

- 35 g de farine
- 1 œuf
- 1 c. à c. de levure chimique
- 1 c. à c. de fromage blanc
- 10 g de beurre pommade
- 1 tranche de jambon blanc ou fumé
- 20 g de comté râpé et haché
- 200 g d'olives vertes et/ou noires
- 100 g de Philadelphia
- Un peu de lait
- Sel, poivre
- Lamelles de jambon et de comté

Préparation

Faire préchauffer l'appareil à cake pops (ou le four à 170 °C).

Mélanger la farine et la levure dans un petit saladier. Ajouter l'œuf, le beurre pommade et le fromage blanc. Hacher le jambon et le comté, puis les incorporer dans la pâte. Assaisonner.

À l'aide d'une cuillère à soupe, répartir la préparation dans les alvéoles de l'appareil à cake pops (ou du moule) en la laissant déborder légèrement afin que les bouchées soient bien rondes. Faire cuire pendant 7 à 8 min. Vérifier et, si nécessaire, laisser cuire quelques minutes supplémentaires.

Hacher finement les olives et les disposer sur une assiette. Fouetter le Philadelphia dans un bol afin de le ramollir (si besoin, ajouter un peu de lait). Démouler les cake pops et les rouler dans le Philadelphia puis dans les olives. Enrouler des lamelles de jambon et de comté autour des cake pops en les maintenant avec un cure-dent.

Piquer les cake pops sur les bâtonnets et laisser reposer au froid pendant 30 min. Les sortir du réfrigérateur 15 min avant de les servir.

Suggestions du chef

Remplacer le comté par du parmesan, de la mozzarella ou de la mimolette selon ses goûts.

Servir à l'apéritif avec un verre de muscat d'Alsace ou de rosé de Bandol (Provence).

Au chorizo

pour 6 cake pops

Ingrédients

- 35 g de farine
- 1 œuf
- 1 c. à c. de levure chimique
- 1 c. à c. de fromage blanc
- 1 c. à c. d'huile d'olive
- 40 g de chorizo peu gras
- 20 g de mozzarella hachée
- 100 g de paprika
- 100 g de Philadelphia
- Un peu de lait
- Sel, poivre
- Tranches de chorizo, feuilles de persil

Préparation

Faire préchauffer l'appareil à cake pops (ou le four à 170 °C).

Mélanger la farine et la levure dans un petit saladier. Incorporer l'œuf, l'huile et le fromage blanc. Retirer la peau du chorizo et le hacher. Ajouter le chorizo et la mozzarella hachée dans la pâte. Goûter et assaisonner.

À l'aide d'une cuillère à soupe, répartir la préparation dans les alvéoles de l'appareil à cake pops (ou du moule) en la laissant déborder légèrement afin que les bouchées soient bien rondes. Faire cuire pendant 7 à 8 min. Vérifier et, si nécessaire, laisser cuire quelques minutes supplémentaires.

Disposer le paprika dans une assiette. Fouetter le Philadelphia dans un bol afin de le ramollir (si besoin, ajouter un peu de lait). Démouler les cake pops et les rouler dans le Philadelphia puis dans le paprika.

Piquer les cake pops sur les bâtonnets, disposer des tranches de chorizo autour du cake pop pour imiter des pétales et coincer une feuille de persil sur chaque bâtonnet en les fendant. Laisser reposer 5 min et servir tiède.

Suggestions du chef

Remplacer le paprika par d'autres herbes aromatiques ou épices : basilic, persil haché finement, mélange d'épices espagnoles, etc.

Servir à l'apéritif avec un verre de Chardonnay blanc (Bourgogne) ou de Saint-Saturnin rouge (Languedoc-Roussillon).

SAVOYARDS

pour 6 cake pops

INGRÉDIENTS

- 35 g de farine
- 1 œuf
- 1 c. à c. de levure chimique
- 1 c. à c. de fromage blanc
- 30 g de reblochon
- 20 g de lard fumé
- 6 tranches de jambon cru
- 1 c. à s. d'huile d'olive
- Sel, poivre

PRÉPARATION

Faire préchauffer l'appareil à cake pops (ou le four à 170 °C).

Mélanger la farine et la levure dans un petit saladier. Ajouter l'œuf, l'huile et le fromage blanc. Couper le reblochon et le lard fumé en petits dés, puis les incorporer dans la pâte. Assaisonner.

À l'aide d'une cuillère à soupe, répartir la préparation dans les alvéoles de l'appareil à cake pops (ou du moule) en la laissant déborder légèrement afin que les bouchées soient bien rondes. Faire cuire pendant 7 à 8 min. Vérifier et, si nécessaire, laisser cuire quelques minutes supplémentaires.

Démouler les cake pops et les enrober chacun de jambon cru en fixant les tranches avec des petits cure-dents. Piquer les boules sur les bâtonnets et servir chaud.

SUGGESTION DU CHEF

Servir à l'apéritif avec un verre de Roussette de Savoie ou de Beaujolais rouge de Chénas.

pour 6 cake pops

AU FROMAGE DE CHÈVRE ET AUX TOMATES SÉCHÉES

Ingrédients

- 35 g de farine
- 1 œuf
- 1 c. à c. de levure chimique
- 10 g de concentré de tomates (ou de pesto rosso)
- 100 g de tomates confites en pétales égouttées
- 1 c. à c. de fromage blanc
- 250 g de fromage de chèvre frais
- 150 g d'herbes de Provence
- 10 g de beurre pommade
- Sel, poivre

Préparation

Faire préchauffer l'appareil à cake pops (ou le four à 170 °C).

Mélanger la farine et la levure dans un petit saladier. Ajouter l'œuf, le beurre et le fromage blanc. Égoutter les tomates confites, les hacher, puis les incorporer dans la pâte ainsi que le concentré.

À l'aide d'une cuillère à soupe, répartir la préparation dans les alvéoles de l'appareil à cake pops (ou du moule) en la laissant déborder légèrement afin que les bouchées soient bien rondes. Faire cuire pendant 7 à 8 min. Vérifier et, si nécessaire, laisser cuire quelques minutes supplémentaires.

Si nécessaire, assaisonner le fromage de chèvre frais avec un peu de poivre et de sel. Bien le travailler (éventuellement avec un petit batteur) afin d'obtenir une pâte épaisse, puis le disposer dans une assiette. Répartir les herbes dans une autre assiette.

Démouler les cake pops et les rouler dans le fromage de chèvre puis dans les herbes de Provence. Les piquer sur les bâtonnets et les laisser reposer au froid pendant 2 h minimum. Les sortir du réfrigérateur 15 min avant de servir.

Suggestions du chef

Remplacer les herbes de Provence par de la ciboulette, du persil, du basilic ou, pour une touche plus exotique, de la coriandre.

Pour apporter un peu de croquant, ajouter des petits morceaux de noix dans le fromage de chèvre.

Servir à l'apéritif ou au moment du fromage avec un verre de Montlouis-sur-Loire ou de vin rouge d'Arbois (Jura).

CAKE POPS SUCRÉS-SALÉS

p. 26

p. 28

p. 30

p. 32

p. 34

p. 36

TOMATE CERISE AU CARAMEL MAISON ET AUX GRAINES CROUSTILLANTES

pour 6 cake pops

Ingrédients

- 6 tomates cerise
- 150 g de sésame blond
- 250 g de sucre en poudre
- 15 cl d'eau

Préparation

Préparer le caramel : pour cela, verser le sucre et l'eau dans une casserole et laisser chauffer. Une fois que le caramel a atteint la couleur désirée, retirer la casserole du feu.

Tremper une extrémité de chaque bâtonnet dans le caramel, puis les piquer dans une tomate cerise. Laisser refroidir 10 min afin que les tomates soient bien fixées sur les bâtonnets.

Tourner les tomates dans le caramel en faisant attention à ce qu'elles ne se détachent pas. Au moment de les sortir, faire tourner le bâtonnet au-dessus de la casserole en laissant goutter l'excédent de caramel.

Saupoudrer de sésame.

Laisser reposer 10 min au frais sur le support à cake pops (ou le bloc de polystyrène). Servir.

Suggestions du chef

Varier la décoration de chaque cake pop : disposer les graines seulement sur le haut, tout autour, etc.

Mélanger le sésame avec des graines de pavot bleu.

Servir à l'apéritif avec un verre de côtes-de-provence blanc.

pour 6 cake pops

RAISIN AU ST MÔRET ET AU PAVOT

INGRÉDIENTS

- 6 gros grains de raisin noir
- 150 g de pavot bleu
- 200 g de St Môret
- ½ échalote
- Herbes de Provence, poivre

PRÉPARATION

Ciseler la demi-échalote et la mélanger au St Môret. Assaisonner avec les herbes de Provence et un peu de poivre.

Laver les grains de raisins et les sécher avec de l'essuie-tout (cette étape permet au St Môret d'adhérer au grain de raisin). Rouler les grains de raisin dans le St Môret, puis dans le pavot bleu.

Piquer les grains de raisin sur les bâtonnets. Laisser reposer 10 min au frais et servir.

SUGGESTION DU CHEF

Servir à l'apéritif avec un verre de vin rouge comme un beaumes-de-venise ou un châteauneuf-du-pape (vallée du Rhône).

À L'ORIENTALE

pour 6 cake pops

Ingrédients

- 120 g de fromage de chèvre frais
- 200 g d'amandes effilées
- 30 g de raisins secs de Corinthe
- 150 g de coriandre fraîche
- Un peu de crème fraîche
- Miel
- Sel, poivre

Préparation

Hacher la coriandre. Faire tremper les raisins secs dans de l'eau tiède pendant 30 min, les égoutter, puis les hacher grossièrement au couteau.

Dans un saladier, mélanger le fromage de chèvre frais, un peu de miel (selon ses goûts), la coriandre et les raisins afin d'obtenir une pâte assez compacte pour réaliser des boules (ajouter un peu de crème si besoin). Assaisonner.

Confectionner 6 boules de 20 g. Réserver au frais.

Torréfier les amandes effilées dans une poêle afin de les colorer et de leur apporter du croquant. Les disposer dans une assiette.

Rouler les boules de fromage dans les amandes et les piquer sur les bâtonnets. Les planter sur le support (ou dans le bloc de polystyrène) et réserver au frais pendant 2 h minimum. Les sortir du réfrigérateur 10 min avant de les servir.

Suggestions du chef

Il est possible d'ajouter des épices telles que du piment d'Espelette, du cumin, du curry, du curcuma ou du gingembre.

Servir à l'apéritif ou au moment du fromage avec un verre de chablis ou de viré-clessé (Bourgogne).

pour 6 cake pops

Au roquefort et aux noix

Ingrédients

- 35 g de farine
- 1 œuf
- 1 c. à c. de levure chimique
- 1 c. à c. de fromage blanc
- 230 g de roquefort
- 150 g de noix
- Un peu de crème fraîche (ou de lait)
- 1 c. à s. d'huilé d'olive
- Sel, poivre

Préparation

Faire préchauffer l'appareil à cake pops (ou le four à 170 °C).

Mélanger la farine et la levure dans un petit saladier. Ajouter l'œuf, l'huile et le fromage blanc. Hacher 30 g de roquefort, puis les incorporer dans la pâte.

À l'aide d'une cuillère à soupe, répartir la préparation dans les alvéoles de l'appareil à cake pops (ou du moule) en la laissant déborder légèrement afin que les bouchées soient bien rondes. Faire cuire pendant 7 à 8 min. Vérifier et, si nécessaire, laisser cuire quelques minutes supplémentaires.

Pour la décoration, hacher les noix et disposer cette chapelure dans une assiette. Réaliser une pâte en mélangeant le reste de roquefort avec un peu de crème (ou de lait). Assaisonner à sa guise. Démouler les cake pops et les rouler dans la pâte de roquefort puis dans les noix.

Piquer les cake pops sur les bâtonnets et les laisser reposer au frais pendant 30 min. Servir.

Suggestion du chef

Servir à l'apéritif avec du Sauternes ou au moment du fromage avec un verre de Banyuls rouge (Languedoc-Roussillon).

Foie gras à la noisette

pour 6 cake pops

Ingrédients

- 120 g de foie gras cuit et assaisonné
- 150 g de noisettes en poudre

Préparation

Diviser le foie gras en 6 morceaux de 20 g et les rouler en boule dans le creux de la main. Les recouvrir complètement de poudre de noisette.

Piquer les boules sur les bâtonnets et les disposer sur le support (ou le bloc de polystyrène). Les laisser reposer au froid pendant 2 h minimum. Sortir les cake pops du réfrigérateur 15 min avant de les servir.

Suggestions du chef

Il est possible de remplacer la poudre de noisette par de la chapelure de pain d'épices. Pour cela, mettre des tranches de pain d'épices au four à 150 °C jusqu'à ce qu'elles soient bien sèches, les mixer afin d'obtenir de la poudre puis rouler les boules de foie gras dans cette chapelure.

Servir à l'apéritif avec un verre de sauternes ou de jurançon.

Foie gras enrobé de chocolat

pour 6 cake pops

Ingrédients

- 120 g de foie gras cuit et assaisonné
- 200 g de chocolat noir à pâtisser
- 50 g de beurre
- Peinture alimentaire dorée en aérosol (ou paillettes alimentaires dorées)

Préparation

Diviser le foie gras en 6 morceaux de 20 g, les rouler en boule dans le creux de la main, puis les conserver au frais pendant 2 h.

Au bain-marie, faire fondre le chocolat avec le beurre en mélangeant doucement.

Piquer ensuite les boules de foie gras sur les bâtonnets, les tremper rapidement dans le chocolat fondu sans les faire tomber et, au moment de les sortir, les tourner au-dessus de la casserole afin de laisser couler l'excédent de chocolat. Laisser sécher au frais pendant 10 min.

Recouvrir les cake pops de peinture alimentaire dorée (ou saupoudrer les paillettes alimentaires dessus). Les disposer sur le support à cake pops (ou le bloc de polystyrène) et réserver au frais pendant 2 h minimum. Sortir les boules du réfrigérateur 10 min avant de les servir.

Suggestions du chef

Ne pas hésiter à varier les chocolats : chocolat au lait, chocolat au caramel au beurre salé, etc.

Tant que le chocolat est encore mou, il est aussi possible de saupoudrer un peu de fruits secs concassés (amandes, noisettes, noix de cajou, etc.).

Servir à l'apéritif avec un verre de champagne ou de clairette-de-die.

CAKE POPS SUCRÉS

p. 44

p. 48

p. 50

p. 52

p. 60

p. 62

Au cassis

pour 6 cake pops

Ingrédients

Cake pops
- 50 g de farine
- 1 œuf
- 30 g de beurre fondu
- 60 g de sucre en poudre
- 1 sachet de sucre vanillé
- 60 ml de lait
- ½ c. à c. de levure chimique
- 1 pincée de sel
- 60 g de confiture de cassis

Décor
- Billes alimentaires violettes
- Pastilles alimentaires en forme d'étoile
- Candy Melts violet
- Margarine

Cake pops

Faire préchauffer l'appareil à cake pops (ou le four à 170 °C).

Travailler le beurre et le sucre jusqu'à ce que le mélange soit crémeux. Ajouter l'œuf et le sucre vanillé, puis mélanger de nouveau. Ajouter la farine, la levure, le sel et le lait, puis lier.

À l'aide d'une cuillère à soupe, verser un peu de pâte dans les alvéoles de l'appareil à cake pops (ou du moule). Ajouter ensuite 1 c. à c. de confiture de cassis sur chaque gâteau et recouvrir avec de la pâte en la laissant déborder légèrement afin que les bouchées soient bien rondes. Faire cuire pendant 7 à 8 min. Vérifier et, si nécessaire, laisser cuire quelques minutes supplémentaires.

Décor

Pendant ce temps, faire fondre le Candy Melts au bain-marie avec un peu de margarine.

Tremper une extrémité des bâtonnets dedans et les planter chacune dans un cake pop, immédiatement. Laisser sécher 5 min au frais pour que les gâteaux soient bien fixés.

Ensuite, enrober les cake pops de glaçage et les tourner au-dessus du récipient afin de laisser couler l'excédent.

Saupoudrer les billes et les étoiles. Laisser reposer au frais pendant 10 min afin que le glaçage prenne.

Suggestions du chef

Servir en pré-dessert ou au goûter.

Accompagner ces cake pops d'un verre de vin blanc de Bergerac (Sud-Ouest) ou d'une coupe de champagne rosé.

ROMANTIQUES À LA FRAISE

pour 6 cake pops

INGRÉDIENTS

Cake pops
- 50 g de farine
- 1 œuf
- 30 g de beurre fondu
- 60 g de sucre en poudre
- ½ sachet de sucre vanillé
- 60 ml de lait
- ½ c. à c. de levure chimique
- 1 pincée de sel
- 60 g de confiture de fraise sans morceaux
- 5 fraises fraîches

Décor
- Petites billes alimentaires rouges (ou pastilles alimentaires en forme de cœur)
- Pastilles alimentaires en forme d'étoile
- Candy Melts rouge
- Margarine

CAKE POPS

Faire préchauffer l'appareil à cake pops (ou le four à 170 °C).

Travailler le beurre et le sucre jusqu'à ce que le mélange soit crémeux. Ajouter l'œuf et le sucre vanillé, puis mélanger de nouveau. Ajouter la farine, la levure, le sel et le lait, puis lier.

Couper les fraises en tout petits dés et les ajouter au mélange.

À l'aide d'une cuillère à soupe, verser un peu de pâte dans les alvéoles de l'appareil à cake pops (ou du moule). Ajouter ensuite 1 c. à c. de confiture de fraise sur chaque gâteau et recouvrir avec de la pâte en la laissant déborder légèrement afin que les bouchées soient bien rondes. Faire cuire pendant 7 à 8 min. Vérifier et, si nécessaire, laisser cuire quelques minutes supplémentaires.

DÉCOR

Pendant ce temps, faire fondre le Candy Melts au bain-marie avec un peu de margarine.

Tremper une extrémité des bâtonnets dedans et les planter chacune dans un cake pop, immédiatement. Laisser sécher 5 min au frais pour que les gâteaux soient bien fixés.

Ensuite, enrober les cake pops de glaçage et les tourner au-dessus du récipient afin de laisser couler l'excédent.

Fixer délicatement les petites billes (ou les petits cœurs) et les étoiles. Laisser reposer au frais pendant 10 min afin que le glaçage prenne.

SUGGESTIONS DU CHEF

Servir en pré-dessert ou au goûter.

Il est possible d'ajouter un peu de basilic haché dans la préparation ; cette herbe aromatique se marie très bien avec la fraise.

Accompagner ces cake pops d'un verre de rosé de Tavel (vallée du Rhône) ou de Monbazillac blanc (Sud-Ouest).

À LA FRAMBOISE

pour 6 cake pops

Ingrédients

Cake pops
- 50 g de farine
- 1 œuf
- 30 g de beurre fondu
- 60 g de sucre en poudre
- 1 sachet de sucre vanillé
- 60 ml de lait
- ½ c. à c. de levure chimique
- 1 pincée de sel
- 60 g de confiture de framboise
- 6 framboises fraîches

Décor
- Pastilles alimentaires en forme d'étoile
- Candy Melts bleu et vert
- Margarine

Cake pops

Faire préchauffer l'appareil à cake pops (ou le four à 170 °C).

Travailler le beurre et le sucre jusqu'à ce que le mélange soit crémeux. Ajouter l'œuf et le sucre vanillé, puis mélanger de nouveau.

Hacher les framboises fraîches. Ajouter la farine, la levure, le sel, les framboises et le lait, puis lier.

À l'aide d'une cuillère à soupe, verser un peu de pâte dans les alvéoles de l'appareil à cake pops (ou du moule). Ajouter ensuite 1 c. à c. de confiture de framboise sur chaque gâteau et recouvrir avec de la pâte en la laissant déborder légèrement afin que les bouchées soient bien rondes. Faire cuire pendant 7 à 8 min. Vérifier et, si nécessaire, laisser cuire quelques minutes supplémentaires.

Décor

Pendant ce temps, faire fondre chacun des Candy Melts au bain-marie avec un peu de margarine.

Tremper une extrémité des bâtonnets dedans et les planter chacune dans un cake pop, immédiatement. Laisser sécher 5 min au frais pour que les gâteaux soient bien fixés.

Ensuite, enrober les cake pops de glaçage en créant un dégradé et les tourner au-dessus du récipient afin de laisser couler l'excédent.

Saupoudrer d'étoiles. Laisser reposer au frais pendant 10 min afin que le glaçage prenne.

Suggestions du chef

Servir en pré-dessert ou au goûter.

Accompagner ces cake pops de vin liquoreux de Loupiac ou de Barsac (Bordeaux).

Exotiques

pour 6 cake pops

Ingrédients

Cake pops

- 50 g de farine
- 1 œuf
- 30 g de beurre fondu
- 60 g de sucre en poudre
- 1 sachet de sucre vanillé
- 60 ml de lait
- ½ c. à c. de levure chimique
- 1 pincée de sel
- 60 g de coulis de mangue
- 30 g de noix de coco en poudre

Décor

- Billes alimentaires blanches (ou noix de coco en poudre)
- Candy Melts jaune
- Margarine

Cake pops

Faire préchauffer l'appareil à cake pops (ou le four à 170 °C).

Travailler le beurre et le sucre jusqu'à ce que le mélange soit crémeux. Ajouter l'œuf et le sucre vanillé, puis mélanger de nouveau. Ajouter la farine, la levure, le sel, la noix de coco et le lait, puis lier.

À l'aide d'une cuillère à soupe, verser un peu de pâte dans les alvéoles de l'appareil à cake pops (ou du moule). Ajouter ensuite 1 c. à c. de coulis de mangue sur chaque gâteau et recouvrir avec de la pâte en la laissant déborder légèrement afin que les bouchées soient bien rondes. Faire cuire pendant 7 à 8 min. Vérifier et, si nécessaire, laisser cuire quelques minutes supplémentaires.

Décor

Pendant ce temps, faire fondre le Candy Melts au bain-marie avec un peu de margarine.

Tremper une extrémité des bâtonnets dedans et les planter chacune dans un cake pop, immédiatement. Laisser sécher 5 min au frais pour que les gâteaux soient bien fixés.

Ensuite, enrober les cake pops de glaçage et les tourner au-dessus du récipient afin de laisser couler l'excédent.

Saupoudrer de billes (ou de noix de coco en poudre). Laisser reposer au frais pendant 10 min afin que le glaçage prenne.

Suggestions du chef

Servir en pré-dessert ou au goûter.

Accompagner ces cake pops d'un verre de vin blanc d'Arbois ou de Château-Chalon (Jura).

AUX FRAISES TAGADA

pour 6 cake pops

INGRÉDIENTS

Cake pops
- 50 g de farine
- 1 œuf
- 30 g de beurre fondu
- 60 g de sucre en poudre
- 1 sachet de sucre vanillé
- 60 ml de lait
- ½ c. à c. de levure chimique
- 1 pincée de sel
- 40 g de fraises Tagada

Décor
- Billes alimentaires roses (ou 90 g de fraises Tagada réduites en poudre au blender)
- Paillettes alimentaires roses
- Candy Melts rose
- Margarine

CAKE POPS

Faire préchauffer l'appareil à cake pops (ou le four à 170 °C).

Travailler le beurre et le sucre jusqu'à ce que le mélange soit crémeux. Ajouter l'œuf et le sucre vanillé, puis mélanger de nouveau.

Hacher les fraises Tagada au mixer. Ajouter la farine, la levure, le sel, les fraises Tagada et le lait, puis lier.

À l'aide d'une cuillère à soupe, répartir la préparation dans les alvéoles de l'appareil à cake pops (ou du moule) en la laissant déborder légèrement afin que les bouchées soient bien rondes. Faire cuire pendant 7 à 8 min. Vérifier et, si nécessaire, laisser cuire quelques minutes supplémentaires.

DÉCOR

Pendant ce temps, faire fondre le Candy Melts au bain-marie avec un peu de margarine.

Tremper une extrémité des bâtonnets dedans et les planter chacune dans un cake pop, immédiatement. Laisser sécher 5 min au frais pour que les gâteaux soient bien fixés.

Ensuite, enrober les cake pops de glaçage et les tourner au-dessus du récipient afin de laisser couler l'excédent.

Saupoudrer de billes (ou de fraises Tagada en poudre) et de paillettes. Laisser reposer au frais pendant 10 min afin que le glaçage prenne.

SUGGESTIONS DU CHEF

Servir en pré-dessert ou au goûter.

Accompagner ces cake pops de Saumur-Champigny (vin rouge du Val-de-Loire) ou de Floc de Gascogne (vin blanc du Sud-Ouest).

MULTICOLORES

pour 6 cake pops

INGRÉDIENTS

Caramel au beurre salé
- 160 g de sucre en poudre
- 20 cl de crème fraîche liquide
- 80 g de beurre salé

Cake pops
- 50 g de farine
- 1 œuf
- 30 g de beurre fondu
- 60 g de sucre en poudre
- 1 sachet de sucre vanillé
- 60 ml de lait
- ½ c. à c. de levure chimique
- 1 pincée de sel

Décor
- Paillettes alimentaires multicolores
- Candy Melts blanc
- Margarine
- Caramel au beurre salé

CARAMEL AU BEURRE SALÉ

Verser le sucre dans une casserole et faire chauffer à feu moyen pour obtenir un caramel à sec : en 3 à 4 min, le sucre commence à se dissoudre, se liquéfie puis devient ambré. Pendant ce temps, dans une autre casserole, faire chauffer la crème liquide et réserver.

Dès que le sucre est transformé en caramel, retirer la casserole du feu et ajouter délicatement une petite partie de la crème : attention aux projections ! Remuer vivement et incorporer le reste de crème petit à petit. Quand il n'y a plus de bouillons, ajouter le beurre et remuer à nouveau jusqu'à obtenir la consistance d'une crème épaisse. Si la crème semble trop liquide, remettre la casserole à feu doux et remuer jusqu'à obtenir la consistance souhaitée. Conserver cette sauce au frais.

CAKE POPS

Faire préchauffer l'appareil à cake pops (ou le four à 170 °C).

Travailler le beurre et le sucre jusqu'à ce que le mélange soit crémeux. Ajouter l'œuf et le sucre vanillé, puis mélanger de nouveau. Ajouter la farine, la levure, le sel et le lait, puis lier.

À l'aide d'une cuillère à soupe, verser un peu de pâte dans les alvéoles de l'appareil à cake pops (ou du moule). Ajouter ensuite 1 c. à c. de caramel au beurre salé sur chaque gâteau et recouvrir avec de la pâte en la laissant déborder légèrement afin que les bouchées soient bien rondes. Faire cuire pendant 7 à 8 min. Vérifier et, si nécessaire, laisser cuire quelques minutes supplémentaires.

DÉCOR

Pendant ce temps, faire fondre le Candy Melts au bain-marie avec un peu de margarine.

Tremper une extrémité des bâtonnets dedans et les planter chacune dans un cake pop, immédiatement. Laisser sécher 5 min au frais pour que les gâteaux soient bien fixés.

Ensuite, enrober les cake pops de glaçage et les tourner au-dessus du récipient afin de laisser couler l'excédent.

Saupoudrer les paillettes. Servir les cake pops dès qu'ils sont tièdes.

SUGGESTIONS DU CHEF

Servir en pré-dessert ou au goûter.

Accompagner ces cake pops avec de vin blanc de Gaillac ou de Saussignac (Sud-Ouest).

À la vanille de Madagascar

pour 6 cake pops

Ingrédients

Cake pops
- 50 g de farine
- 1 œuf
- 30 g de beurre fondu
- 60 g de sucre en poudre
- 1 sachet de sucre vanillé
- 60 ml de lait
- ½ c. à c. de levure chimique
- 1 pincée de sel
- 1 gousse de vanille fraîche de Madagascar

Décor
- Paillettes alimentaires bleues
- Candy Melts bleu
- Margarine

Cake pops

Faire préchauffer l'appareil à cake pops (ou le four à 170 °C).

Travailler le beurre et le sucre jusqu'à ce que le mélange soit crémeux. Ajouter l'œuf et le sucre vanillé, puis mélanger de nouveau. Ajouter la farine, la levure, le sel et le lait, puis lier.

Ouvrir la gousse de vanille en deux, en extraire les graines et les ajouter à la pâte.

À l'aide d'une cuillère à soupe, répartir la préparation dans les alvéoles de l'appareil à cake pops (ou du moule) en la laissant déborder légèrement afin que les bouchées soient bien rondes. Faire cuire pendant 7 à 8 min. Vérifier et, si nécessaire, laisser cuire quelques minutes supplémentaires.

Décor

Pendant ce temps, faire fondre le Candy Melts au bain-marie avec un peu de margarine.

Tremper une extrémité des bâtonnets dedans et les planter chacune dans un cake pop, immédiatement. Laisser sécher 5 min au frais pour que les gâteaux soient bien fixés.

Ensuite, enrober les cake pops de glaçage et les tourner au-dessus du récipient afin de laisser couler l'excédent.

Saupoudrer de paillettes. Laisser reposer au frais pendant 10 min afin que le glaçage prenne.

Suggestions du chef

Servir en pré-dessert ou au goûter.

Accompagner ces cake pops de Muscat-de-Rivesaltes (Languedoc-Roussillon) ou de Saumur (val de Loire et Centre).

À LA VANILLE ET AUX PÉPITES DE CHOCOLAT

pour 6 cake pops

Ingrédients

Cake pops

- 50 g de farine
- 1 œuf
- 30 g de beurre fondu
- 60 g de sucre en poudre
- ½ sachet de sucre vanillé
- 60 ml de lait
- ½ c. à c. de levure chimique
- 1 pincée de sel
- 1 gousse de vanille fraîche
- 60 g de pépites de chocolat

Décor

- Billes alimentaires de différentes couleurs
- Candy Melts de différentes couleurs
- Margarine

Cake pops

Faire préchauffer l'appareil à cake pops (ou le four à 170 °C).

Travailler le beurre et le sucre jusqu'à ce que le mélange soit crémeux. Ajouter l'œuf et le sucre vanillé, puis mélanger de nouveau. Ajouter la farine, la levure, le sel et le lait, puis lier.

Ouvrir la gousse de vanille en deux, en extraire les graines, puis les ajouter au mélange avec les pépites de chocolat.

À l'aide d'une cuillère à soupe, répartir la préparation dans les alvéoles de l'appareil à cake pops (ou du moule) en la laissant déborder légèrement afin que les bouchées soient bien rondes. Faire cuire pendant 7 à 8 min. Vérifier et, si nécessaire, laisser cuire quelques minutes supplémentaires.

Décor

Pendant ce temps, faire fondre séparément les Candy Melts au bain-marie avec un peu de margarine.

Tremper une extrémité des bâtonnets dedans et les planter chacune dans un cake pop, immédiatement. Laisser sécher 5 min au frais pour que les gâteaux soient bien fixés.

Ensuite, enrober les cake pops de glaçage en jouant avec les couleurs, puis les tourner au-dessus du récipient afin de laisser couler l'excédent. Saupoudrer les billes assorties aux glaçages. Laisser reposer au frais pendant 10 min afin que le glaçage prenne.

Disposer les cake pops en pyramide (ou les laisser plantés sur les bâtonnets). Les servir tièdes ou froids.

Suggestions du chef

Servir en pré-dessert ou au goûter.

Accompagner ces cake pops d'un verre de vin rosé d'Arbois (Jura) ou d'une coupe de champagne.

Chocolatés à la menthe

pour 6 cake pops

Ingrédients

Cake pops

- 50 g de farine
- 1 œuf
- 30 g de beurre fondu
- 60 g de sucre en poudre
- 1 sachet de sucre vanillé
- 60 ml de lait
- ½ c. à c. de levure chimique
- 1 pincée de sel
- 1 c. à s. de cacao en poudre
- 20 g de pépites de chocolat
- 150 g de menthe fraîche

Décor

- Billes alimentaires vertes et argentées
- Candy Melts vert foncé
- Margarine

Cake pops

Faire préchauffer l'appareil à cake pops (ou le four à 170 °C).

Travailler le beurre et le sucre jusqu'à ce que le mélange soit crémeux. Ajouter l'œuf et le sucre vanillé, puis mélanger de nouveau.

Hacher la menthe fraîche. Ajouter la farine, la levure, le sel, les pépites de chocolat, le cacao en poudre, la menthe et le lait, puis lier.

À l'aide d'une cuillère à soupe, répartir la préparation dans les alvéoles de l'appareil à cake pops (ou du moule) en la laissant déborder légèrement afin que les bouchées soient bien rondes. Faire cuire pendant 7 à 8 min. Vérifier et, si nécessaire, laisser cuire quelques minutes supplémentaires.

Décor

Pendant ce temps, faire fondre le Candy Melts au bain-marie avec un peu de margarine.

Tremper une extrémité des bâtonnets dedans et les planter chacune dans un cake pop, immédiatement. Laisser sécher 5 min au frais pour que les gâteaux soient bien fixés.

Ensuite, enrober les cake pops de glaçage et les tourner au-dessus du récipient afin de laisser couler l'excédent.

Saupoudrer de billes. Laisser reposer au frais pendant 10 min afin que le glaçage prenne.

Suggestions du chef

Servir en pré-dessert ou au goûter.

Accompagner ces cake pops avec un verre de vin blanc d'Arbois (Jura) ou de Saumur mœlleux (val de Loire et Centre).

Chocolatés à l'orange

pour 6 cake pops

Ingrédients

Cake pops
- 50 g de farine
- 1 œuf
- 30 g de beurre fondu
- 60 g de sucre en poudre
- 1 sachet de sucre vanillé
- 60 ml de lait
- ½ c. à c. de levure chimique
- 1 pincée de sel
- 1 c. à s. de cacao en poudre
- 1 orange non traitée (ou 30 g d'orange confite)

Décor
- Billes alimentaires noires et argentées
- Candy Melts noir
- Margarine

Cake pops

Faire préchauffer l'appareil à cake pops (ou le four à 170 °C).

Travailler le beurre et le sucre jusqu'à ce que le mélange soit crémeux. Ajouter l'œuf et le sucre vanillé, puis mélanger de nouveau.

Zester l'orange (ou hacher l'orange confite). Ajouter la farine, la levure, le sel, le cacao, les zestes (ou les morceaux d'orange confite) et le lait, puis lier.

À l'aide d'une cuillère à soupe, répartir la préparation dans les alvéoles de l'appareil à cake pops (ou du moule) en la laissant déborder légèrement afin que les bouchées soient bien rondes. Faire cuire pendant 7 à 8 min. Vérifier et, si nécessaire, laisser cuire quelques minutes supplémentaires.

Décor

Pendant ce temps, faire fondre le Candy Melts au bain-marie avec un peu de margarine.

Tremper une extrémité des bâtonnets dedans et les planter chacune dans un cake pop, immédiatement. Laisser sécher 5 min au frais pour que les gâteaux soient bien fixés.

Ensuite, enrober les cake pops de glaçage et les tourner au-dessus du récipient afin de laisser couler l'excédent.

Saupoudrer de billes. Laisser reposer au frais pendant 10 min afin que le glaçage prenne.

Suggestions du chef

Il est possible de remplacer l'orange par d'autres agrumes tels que le citron, le pamplemousse, la clémentine, etc.

Pour décorer, ajouter quelques zestes d'agrumes séchés après avoir glacé les cake pops.

Servir en pré-dessert ou au goûter.

Accompagner ces cake pops d'un vin de paille ou un crémant du Jura.

Chocolatés à la pistache

pour 6 cake pops

Ingrédients

Cake pops

- 50 g de farine
- 1 œuf
- 30 g de beurre fondu
- 60 g de sucre en poudre
- 1 sachet de sucre vanillé
- 60 ml de lait
- ½ c. à c. de levure chimique
- 1 pincée de sel
- 1 c. à s. de cacao en poudre
- 50 g de pistaches en poudre

Décor

- Billes alimentaires vertes (ou 90 g de pistache en poudre)
- Candy Melts marron
- Margarine

Cake pops

Faire préchauffer l'appareil à cake pops (ou le four à 170 °C).

Travailler le beurre et le sucre jusqu'à ce que le mélange soit crémeux. Ajouter l'œuf et le sucre vanillé, puis mélanger de nouveau. Ajouter la farine, la levure, le sel, le cacao, les pistaches et le lait, puis lier.

À l'aide d'une cuillère à soupe, répartir la préparation dans les alvéoles de l'appareil à cake pops (ou du moule) en la laissant déborder légèrement afin que les bouchées soient bien rondes. Faire cuire pendant 7 à 8 min. Vérifier et, si nécessaire, laisser cuire quelques minutes supplémentaires.

Décor

Pendant ce temps, faire fondre le Candy Melts au bain-marie avec un peu de margarine.

Tremper une extrémité des bâtonnets dedans et les planter chacune dans un cake pop, immédiatement. Laisser sécher 5 min au frais pour que les gâteaux soient bien fixés.

Ensuite, enrober les cake pops de glaçage et les tourner au-dessus du récipient afin de laisser couler l'excédent.

Saupoudrer les billes (ou les pistaches en poudre). Laisser reposer au frais pendant 10 min afin que le glaçage prenne.

Suggestions du chef

Servir en pré-dessert ou au goûter.

Accompagner ces cake pops d'un verre de vin rouge de Banyuls ou de Rivesaltes (Languedoc-Roussillon).

CHRISTMAS CAKE POPS AU PAIN D'ÉPICES

pour 6 cake pops

INGRÉDIENTS

Cake pops
- 50 g de farine
- 1 œuf
- 30 g de beurre fondu
- 60 g de sucre roux en poudre
- ½ sachet de sucre vanillé
- 60 ml de lait
- ½ c. à c. de levure chimique
- 1 pincée de sel
- 1 à 2 c.à c. de mélange de 4 épices : cannelle, muscade, poivre, clous de girofle (selon son goût)

Décor
- Petites pastilles alimentaires en forme de motifs de Noël (flocon, sapin, bonhomme de neige, etc.)
- Candy Melts rouge
- Margarine

CAKE POPS

Faire préchauffer l'appareil à cake pops (ou le four à 170 °C).

Travailler le beurre et le sucre roux jusqu'à ce que le mélange soit crémeux. Ajouter l'œuf et le sucre vanillé, puis mélanger de nouveau. Ajouter la farine, la levure, le sel, les épices et le lait, puis lier.

À l'aide d'une cuillère à soupe, répartir la préparation dans les alvéoles de l'appareil à cake pops (ou du moule) en la laissant déborder légèrement afin que les bouchées soient bien rondes. Faire cuire pendant 7 à 8 min. Vérifier et, si nécessaire, laisser cuire quelques minutes supplémentaires.

GLAÇAGE

Pendant ce temps, faire fondre le Candy Melts au bain-marie avec un peu de margarine.

Tremper une extrémité des bâtonnets dedans et les planter chacune dans un cake pop, immédiatement. Laisser sécher 5 min au frais pour que les gâteaux soient bien fixés.

Ensuite, enrober les cake pops de glaçage et les tourner au-dessus du récipient afin de laisser couler l'excédent.

Fixer délicatement les pastilles. Laisser reposer au frais pendant 10 min afin que le glaçage prenne.

SUGGESTIONS DU CHEF

Servir en pré-dessert ou au goûter.

Accompagner ces cake pops d'un verre de Macvin du Jura.

LES ÉDITIONS DE SAXE
13 rue Jules Verne
CS 40205 - 69630 Chaponost
www.edisaxe.com

Recettes : Damien CONEJOS
Coordinatrice de rédaction : Agathe BÉON
Directrice Artistique : Joanna PERRAUDIN
Photos : Fred DURANTET - Contrejour
sauf pages 7 et 4e de couverture : Isabelle GARAVEL - Egérie photographies
Stylisme : Jennifer ROUSSET

COOK 001 – ISBN : 978-2-7565-2336-1
Dépôt légal : à parution
Imprimé en Chine